Couvertures supérieure et inférieure
manquantes

MONOGRAPHIE

DE LA

Commune de St-Martin-des-Champs

PAR

M. Sosthène MAUDUIT

AVRANCHES

IMPRIMERIE TYPOGRAPHIQUE ET LITHOGRAPHIQUE DE JULES DURAND

RUES BOUDRIE ET QUATRE-ŒUFS, 24

1886

MONOGRAPHIE

DE LA

COMMUNE DE SAINT-MARTIN-DES-CHAMPS

PAR

M. Sosthène MAUDUIT

La commune de Saint-Martin-des-Champs, une des plus pittores-
que de l'Avranchin, à la forme d'un triangle dont l'une des pointes
est tournée vers Avranches et s'avance même tout près de la
ville.

Elle est limitée au nord-est, c'est-à-dire du côté de la commune
de Saint-Sénier par le chemin de grande communication, n° 37, d'A-
vranches à Saint-Hilaire; au sud vers Saint-Loup par une ligne
artificielle partant de ce chemin et aboutissant à un chemin rural,
à cinquante mètres environ en deçà du ruisseau nommé le Lait-
Bouilli qui forme ensuite une limite naturelle entre ces deux communes. Le même ruisseau sépare également Saint-Martin de Saint-
Quentin, depuis le village de la Péchardière, dépendant de cette
dernière commune jusqu'au Moulinet. A l'ouest se trouve la commune
du Val-St-Père, dont celle de St-Martin est divisée par l'ancienne
grande route d'Avranches à Pontorson, laquelle ne s'écartait guère,
soit à droite, soit à gauche de la route nationale actuelle. Certains
tronçons de cette ancienne route ont été rendus à la culture. On ne
voit même plus ses traces à la Cocarde. C'est la même ancienne
route qui sépare Saint-Martin et Avranches dans le petit espace
compris entre la Cocarde et le Ragotin. Enfin Avranches et Saint-
Martin ont ensuite pour communes limites : 1° le petit bout de chemin rural qui va de l'emplacement de l'ancienne grande route à la
route nationale actuelle (n° 176 de Caen à Lamballe); 2° le chemin
vicinal, autrefois appelé la petite rue de la Billoterie, faisant suite
au précédent et qui relie la route nationale au chemin d'intérêt
commun, n° 82 d'Avranches à Saint-Georges-de-Reintembault par
Saint-Quentin et Ducey; 3° La haie vers nord du premier des prés

dela Tourfaudière et une ligne formant le prolongement presque droit de cette haie à travers le second pré ; 4° Enfin, le petit ruisseau de la Chaussonnière,

La commune a une surface totale de 649 hectares 22 ares 13 centiares,

Elle appartient pour la plus grande partie au bassin de la Sélune et pour le surplus au bassin de la Sée. La ligne de faîte, peu apparente, suit à peu près l'avenue du Quesnoy, le chemin rural de Landemaine et un petit bout du chemin vicinal n° 56 depuis l'endroit où y aboutit le chemin de Landemaine jusqu'au chemin d'Avranches à Saint-Hilaire, et s'écarte peu de ce dernier chemin jusqu'à l'extrémité de la commune vers Saint-Loup.

Aucun cours d'eau important ne traverse la commune ni ne l'entoure. Le ruisseau nommé le Lait-Bouilli, qui ne se gonfle pas assez pour justifier son nom, est le plus considérable.

Il mettait autrefois en mouvement le moulin de la Porte, maintenant détruit. Au moyen d'une dérivation, il sert encore de moteur à la minoterie du Moulinet, située au Val-Saint-Père sur les confins de Saint-Martin.

Un autre ruisseau formé principalement par les sources de Baffé, de la Poisnière et de la Renaudière ou Bourdonnière passe, comme le précédent, sur le Val-Saint-Père où il se réunit au Lait-Bouilli près de la grève.

Enfin, le ruisselet venant de l'étang de la Cocarde par une dérivation artificielle opérée il y a moins d'un siècle, et grossi par la source de la Chaussonnière, passe près de l'abattoir d'Avranches et devient un affluent du ruisseau des Echommes, au Pont-Gandoin voisin de l'église de Saint-Sénier.

Le plateau élevé décrit autour du plateau bas un quart de cercle et se relie à celui-ci par une pente très raide sillonnée transversalement de nombreuses ondulations. De tous les points où la déclivité commence, l'œil embrasse un magnifique horizon dans lequel se trouve l'incomparable baie du Mont Saint-Michel. A d'autres endroits de petits vallons, les uns riants, les autres agrestes, forment des paysages charmants et très variés.

Le sol de la partie haute depuis l'église jusqu'à Avranches, c'est à-dire la partie nord, est surtout granitique. La roche est même à nu dans le chemin du petit village de Landemaine dont le nom vient, d'après M. Camille Claveau, de deux mots celtiques ou celto-bretons, Lan, contrée, région, et Mean ou Men, pierre. C'est en effet la contrée des pierres. Près de là, se trouve la ferme du Rocher, dont le nom bien justifié, a une signification très claire. On voit encore des roches de même nature au bas de la pente, près du village de la

Réauté. Le reste de la partie élevée est argileux. Le schiste tendre et l'argile constituent la partie basse qui est la plus fertile.

Les contributions directes pour l'année 1885 se sont élevées aux chiffres suivants :

Contribution foncière. Propriétés non bâties.	6.847 fr.	77
id. Propriétés bâties....	533	15
Portes et fenêtres......................	725	23
Personnelle et mobilière................	1,501	84
Patentes.............................	268	07
Chevaux et voitures....................	301	35
Chiens...............................	67	50
Prestations pour les chemins...........	1.294	40
Total......	11.539 fr.	31

Il n'y a plus de moulin dans la commune et pas d'industrie particulière. Il ne s'y fait aucun commerce en gros, et le commerce de détail est de peu d'importance. Pas d'agglomération autour de l'église. L'agglomération du Ragotin qui avoisine la ville consiste seulement en sept maisons.

La plus belle habitation est le château de Baffé construit en 1847, par M. le baron Poncet, premier mari de Mme du Bouëxic, au milieu d'un vaste parc planté de beaux arbres parmi lesquels on remarque surtout de superbes hêtres et plusieurs vieux châtaigniers dont les troncs se tordent en spirale.

Le botaniste remarque dans l'étang de Baffé l'aponogeton distique et aux alentours l'orobe, la primevère officinale et l'orchidée *listera ovata*.

Un petit champignon rameux appartenant à la tribu des clavaires croit également à Baffé ainsi qu'une espèce d'agaric gris violacé qui se développe autour de certains groupes d'arbres en formant un un cordon continu et presque régulièrement circulaire.

Un autre champignon, le geaster ou étoile de terre se trouve à la Poisnière et au Quesnoy. Celui-ci est très hygrométrique : par un temps humide l'étoile est ouverte et bien dessinée, mais quand il fait sec, ses pointes se rassemblent sur la partie centrale et le tout forme une petite boule aplatie.

On a trouvé quelquefois dans le taillis de Baffé le *Lycopodium clavatum*, que l'on appelle vulgairement Egaire parce que, dans les campagnes, on disait autrefois que les personnes qui mettaient le pied sur cette plante rampante s'égaraient. Elle est très rare dans le canton d'Avranches.

La lysimaque est abondante dans la haie du pré de la Chaussonnière, mais c'est peut-être le seul endroit de la commune et des environs où elle existe.

Une primevère rare *primula variabilis* a été observée par M. Claveau au hameau du Gage, l'ancolie près de l'ancienne carrière de la Réanté, et l'aquilegie vulgaire aux environs de l'église.

On doit une mention au vieux châtaignier de la ferme des Buttes dont le tronc a cinq mètres de circonférence, et aux beaux chênes-verts du Quesnoy que l'on peut considérer maintenant comme indigènes, puisqu'ils fructifient quelquefois et se reproduisent par semis naturel dans les champs voisins.

Enfin, le plus beau camélia du pays et sans doute aussi le plus ancien se trouve dans le jardin de M. Le Marchand, au Bas-Quesnoy. Il a été planté en 1812 ou 1813. Quoiqu'on l'ait taillé assez souvent pour empêcher la partie inférieure de se dégarnir et aussi pour qu'il ne s'avance pas trop sur l'allée voisine, il forme une énorme touffe de quatre mètres de hauteur. Ses ramifications les plus rapprochées du sol sont grosses comme le bras.

D'après le recensement fait à la fin de l'année 1881, la population était de 528 habitants. Il y en avait 591 vingt ans auparavant. Les recensements antérieurs, en remontant jusqu'à 1832, donnaient à peu près ce dernier chiffre.

Au XVIIIe siècle, la population était un peu moins considérable. En 1790, les citoyens actifs de la paroisse étaient au nombre de 83. Or, pour être citoyen actif, il fallait, d'après la législation de l'époque, être âgé de plus de vingt-cinq ans; payer une contribution directe de la valeur locale de trois journées de travail, c'est-à-dire à Saint-Martin au moins 36 sous, et ne pas être serviteur à gages. Si on ajoute aux 83 citoyens actifs le nombre présumé de ceux qui n'étaient pas alors électeurs et qui auraient eu cette qualité si la loi électorale actuelle eût été en vigueur, on n'arrive pas au chiffre de 140 électeurs que la commune possède actuellement. On sait qu'il y avait en 1763 quatre-vingt-trois feux dans la paroisse. Or, un feu comptait alors pour cinq personnes, ce qui ne donnerait qu'un total de 415 habitants.

Une autre remarque confirme l'opinion que les habitants étaient alors moins nombreux qu'à présent : Depuis le commencement du XIXe siècle on fait en moyenne environ trente actes de l'état civil par an. Au siècle dernier, la moyenne des actes de baptême, mariage et inhumation n'arrivait qu'à vingt-cinq environ. Mais elle était beaucoup plus élevée, il y a deux cents ou deux cent cinquante ans : elle s'élevait à quarante, ce qui fait supposer que la paroisse avait alors plus d'habitants qu'au XVIIIe siècle et même que de nos jours. Il faut tenir compte, à la vérité, de ce que les épidémies de variole,

de dyssenterie et même de peste étaient fréquentes autrefois et enle-
vaient beaucoup de monde. Les naissances et les décès pouvaient
dépasser le chiffre actuel sans que la population fût plus considérable. Mais, en tenant compte de ces causes de mortalité on est
conduit à penser qu'il y avait plus d'habitants à Saint-Martin
au xviie siècle qu'aujourd'hui.

Il est à craindre que la décroissance assez sensible qui s'est pro-
duite depuis vingt ans, et qui est bien plus considérable dans certaines autres communes rurales ne s'arrête pas encore de si-
tôt. Le mouvement général d'émigration des campagnes vers
les grandes villes, par suite du peu de goût que l'on a maintenant pour les travaux agricoles, diminuera probablement de
plus en plus la population de Saint-Martin-des-Champs. C'est
déplorable à tous les points de vue : moralité, santé et bien-être des
populations. Car, tout bien considéré, la vie des ouvriers de la cam-
pagne est moins malheureuse que celle de tant d'ouvriers des villes,
et la misère même n'est pas hideuse chez les premiers comme elle
l'est souvent, hélas ! chez les seconds.

Pour peu que ce déplorable mouvement continue, notre sol, qui
déjà ne produit pas à beaucoup près, tout ce qu'il pourrait donner,
deviendra en grande partie inculte, ce qui aura des conséquences
désastreuses, car un pays, si riche qu'il soit, doit nécessairement
devenir misérable, quand sa consommation dépasse notablement sa
production agricole ou industrielle. Au bout d'un temps plus ou
moins long, le numéraire se trouve épuisé, et si faible que soit le
prix auquel l'étranger peut fournir les différentes choses nécessaires
à la vie, on n'est plus en état de se les procurer. Il faudrait donc
encourager et protéger par tous les moyens possibles la production
nationale et surtout l'agriculture afin d'y attacher davantage, s'il y a-
vait lieu, les populations des champs. La sécurité de l'Etat est même
engagée dans cette question : si les bras manquent pour cultiver le
sol, ils manqueront aussi pour le protéger ; les grandes villes pro-
duisant souvent plus de perturbateurs de la société que de défen-
seurs de la patrie. Je reconnais d'ailleurs qu'il est difficile de trou-
ver, dans l'état actuel des goûts populaires, un remède sûr au mal
résultant de la dépopulation des campagnes.

Si l'origine de beaucoup de villes se perd dans la nuit des temps,
selon une expression souvent employée, l'obscurité est tout aussi
grande sur l'origine des paroisses rurales, quoique leur formation,
ne remonte pas à une époque si éloignée que celle des vieilles
cités.

Quand et comment se sont formées les circonscriptions paroissiales de la Basse-Normandie, de la Bretagne et de toutes les contrées, en un mot, où elles comprennent un nombre plus ou moins grand de villages ou de fermes disséminées ?

Sont-elles d'origine ecclésiastique ou d'origine féodale ?

On ne trouve nulle part de réponse précise à ces questions. Les villes et les hommes qui ont fait beaucoup de bruit dans le monde ont presque exclusivement occupé les anciens chroniqueurs et historiens. Quant au sol nourricier et à ceux qui l'ont fécondé de leurs sueurs on n'en parle pas, avec des détails suffisants, quoiqu'il s'agisse pour chaque pays de la plus grande partie de son territoire et du plus grand nombre de ses anciens habitants.

On sait que les Francs, après qu'ils eurent conquis les Gaules, prirent les terres qui leur convinrent. Le partage en fut fait par leurs chefs ou rois qui se substituèrent eux-mêmes au gouvernement romain dans la propriété des terres qui appartenaient au fisc. Diverses terres furent constituées en alleux ou biens héréditaires exempts de charges, les uns au profit des conquérants, les autres au profit d'anciens habitants du pays. Il existe d'ailleurs des opinions différentes sur la question de savoir quelle fut la portion de terre qui resta au peuple conquis.

Le partage des terres autres que les alleux se renouvela d'abord tous les ans entre les guerriers qui avaient participé à la conquête ; puis les concessions ou *bénéfices* accordés à chacun d'eux furent viagers, enfin ils devinrent héréditaires sous le règne de Charles-le-Chauve. et bientôt les dignités eurent le même sort (877). Mais à toutes les époques les bénéficiers étaient tenus de suivre le roi ou leur suzerain en cas de guerre.

Les monastères et les églises eurent leur part dans les bénéfices.

D'après Dudon de Saint-Quentin, le sol de la Neustrie, dont les Normands s'emparèrent en 912, aurait été *divisé au cordeau par Rollon entre ses compagnons.* Ceci paraît d'abord d'une extrême précision et fait naître l'idée d'un partage à la mesure parfaitement égal ; ce n'est pourtant qu'un renseignement très vague : il faut bien supposer que l'on tint compte de la différence de qualité des terrains. Mais doit-on croire que les Normands se partagèrent le sol de la province tout entière ? Comme ils se convertirent au christianisme, dès qu'ils furent établis dans notre pays, il est probable que les églises et les monastères, qu'ils n'avaient pas épargnés lors de leurs incursions, ne furent pas complètement dépouillés par eux de leurs biens fonds.

Il est bon de remarquer aussi que certains anciens habitants de la Neustrie, autres que de pauvres serfs qui, vu leur misérable condition, eussent été excusables, se joignirent aux envahisseurs pour conserver ce qu'ils avaient ou pour avoir une part plus grande dans la conquête. A toutes les époques il y a toujours des gens qui se tournent du côté du plus fort ou qui, suivant un mot de l'histoire contemporaine, se mettent du côté du manche, lorsqu'un audacieux donne un coup de balai.

Dans tous les cas, on ne voit pas quelles furent les circonscriptions territoriales créées par les nouveaux venus. Il semble que l'organisation de la propriété resta la même chez eux que chez leurs voisins et qu'ils entrèrent simplement dans ce qu'on pourrait appeler le concert féodal de la France.

Ce fut peu de temps après leur établissement que tous les gouverneurs des provinces françaises et ceux des villes profitèrent de la faiblesse des rois pour se rendre maîtres absolus de la contrée soumise à l'administration de chacun d'eux. Ils constituèrent des arrière-fiefs de divers degrés dont les titulaires contraignirent les détenteurs des terres libres qui les avoisinaient à reconnaître leur autorité. Quelques possesseurs de petits alleux consentirent eux-mêmes à les *tenir* d'un seigneur pour avoir sa protection contre les vexations auxquelles ils étaient exposés de la part d'autres seigneurs. Enfin, les alleux les plus considérables furent eux-mêmes convertis en fiefs.

Il en résulta que presque toute la France se trouva divisée en une multitude de fiefs et d'arrière-fiefs qui relevaient les uns des autres suivant une hiérarchie assez compliquée et qui le devint encore davantage avec le temps. Cela donna lieu d'établir cette règle qui résumait la situation : « Nulle terre sans seigneur », c'est-à-dire nulle terre qui ne fût assujettie à un maître, lors même qu'elle n'était pas sa propriété privée, et c'était non-seulement la terre mais aussi les hommes, car un des principaux caractères de la féodalité c'est que la loi qui régissait la terre régissait l'homme qui s'y trouvait, et, d'un autre côté, c'est à la terre que tous les droits étaient attachés.

Il est présumable que ce fut à la suite de l'établissement définitif du régime féodal, c'est-à-dire après cette usurpation complète du pays, que les titulaires de fiefs d'un certain ordre voulurent que l'ensemble de leurs possessions territoriales contiguës formât une seule paroisse.

Il y avait auparavant, sans nul doute, des paroisses rurales puisque le pays tout entier était catholique depuis plusieurs siècles, mais ces paroisses primitives, d'origine purement ecclésiastique, devaient être délimitées autrement et d'une manière plus rationnelle, les évêques qui les avaient créées n'ayant considéré, pour le groupement des populations, que les besoins religieux.

Les paroisses qui furent érigées par des monastères eurent le même caractère féodal que celles des seigneurs, car, en cela, les moines n'agissaient pas comme membres du clergé, mais comme possesseurs de fiefs. Il est très possible, d'ailleurs, que certaines divisions féodales se soient adaptées aux divisions ecclésiastiques antérieures, mais celles-ci ont dû être profondément modifiées, et peut-être la première délimitation féodale des paroisses a-t-elle subi elle-même des changements par suite de ventes et d'héritages qui réunissaient dans la même main des fiefs voisins ou qui en démembraient d'autres, et par suite encore des guerres que les seigneurs voisins se faisaient souvent, et dont le résultat était, comme celui de presque toutes les guerres, de dépouiller le vaincu pour enrichir le vainqueur.

On est conduit à supposer tout cela, quand on voit de grandes paroisses à côté de paroisses toutes petites, et surtout quand on considère l'irrégularité de leur configuration, sans que cette irrégularité soit même un peu justifiée par la présence du plus petit cours d'eau ou de toute autre limite naturelle. Comment s'expliquerait-on autrement la formation de la paroisse de Saint-Sénier-sous-Avranches, par exemple, qui a près de trois lieues de longueur, tandis que vers le milieu elle se trouve resserrée entre celles de Saint-Loup et de Saint-Oven d'un côté, celle de la Godefroy de l'autre côté, de manière qu'elle n'a pas à cet endroit plus de 500 mètres de largeur. Il eût été bien plus naturel d'attribuer à la paroisse de Saint-Oven toute la partie se trouvant à l'est de cet étranglement. N'est-ce pas encore ce qu'il faudrait faire maintenant ?

Il faut donc voir dans cette division du territoire rural de notre pays la volonté de maîtres qui ne considéraient que leur intérêt ou même leur caprice, sans tenir nul compte de la commodité des habitants ni même du clergé, car, pour les prêtres comme pour les fidèles, l'emplacement des églises est quelquefois aussi mal choisi que les paroisses sont mal délimitées. Souvent, en effet, l'église se trouve à l'une des extrémités de la paroisse, comme à Saint-Sénier-sous-Avranches, dont il est déjà parlé, comme à Saint-Jean-de-la-Haize, autre paroisse voisine d'Avranches, et dont le territoire a une forme très allongée, comme à Saint-Sénier-de-Beuvron, où elle est placée à la limite même de Saint-Aubin-de-Terregatte, canton de Saint-James, comme autrefois à Saint-Fraguaire et Beslon, paroisses du canton de Percy, maintenant réunies en une seule, et dont les églises n'étaient séparées l'une de l'autre que par un petit chemin, ce qui faisait dire ceci :

Entre Saint-Fraguaire et Beslon,
Il y a le saut d'un mouton.

Mais la paroisse de Saint-Martin-des-Champs avait quelque chose de plus extraordinaire encore, et les considérations qui précèdent ne suffisent pas pour expliquer sa formation : En effet, cette paroisse était délimitée, depuis un temps immémorial lors de la Révolution française, exactement de la même manière que la commune actuelle ; mais il en dépendait, en outre, une petite surface de terrain, séparée du surplus par un espace de plus de 300 mètres et enclavée dans la paroisse de Saint-Saturnin d'Avranches, sans faire partie de la *bourgeoisie* de cette ville. C'est sur cette petite enclave que se trouvaient l'église, le cimetière et le presbytère. Leur emplacement est maintenant occupé par la maison de Madame Adrien de Chavoy et celle de M. Le Marchand. Le boulevard du Sud où ces habitations sont situées est encore désigné par les anciens de la ville sous le nom de *Chasse Saint-Martin*, parce qu'il a été établi sur une ancienne voie plantée d'arbres qui conduisait à l'église de ce nom.

Aussi, l'opinion généralement admise, d'après laquelle la paroisse de Saint-Martin s'étendait, sans solution de continuité, avant la Révolution, jusqu'au point que nous venons d'indiquer, est erronée. Si l'espace intermédiaire en a fait partie primitivement, on ne sait à quelle époque il en a été retranché.

Mais si l'on ignore pourquoi la paroisse de Saint-Martin se trouvait dans cette situation bizarre, unique peut-être, d'avoir son église, son cimetière et son presbytère en-dehors de tout le reste de son territoire, on connaît au moins l'histoire de la fondation de cette église.

Saint Grégoire de Tours raconte que l'évêque d'Avranches Leodowald, ou Saint-Léonard (1), envoya vers l'année 578 un prêtre de son église demander à Tours des reliques de saint Martin. Lorsque ce prêtre revint à Avranches, l'évêque, accompagné de son clergé et d'une multitude de fidèles, s'avança à sa rencontre hors de la ville. Un paralytique s'était fait transporter au milieu de la foule. Au moment où la châsse contenant les reliques passa devant lui, il saisit le voile qui la recouvrait et l'embrassa avec ferveur. Sa paralysie cessa à l'instant même, et il put retourner chez lui sans le secours de personne.

____

(1) Cet évêque était né au village où un prieuré, placé sous son vocable, a été construit depuis, en la commune de Vains.

L'évêque résolut de faire construire une chapelle au lieu même où la miracle s'était opéré.

Cette chapelle fut peut-être bâtie en bois, comme l'étaient jusqu'au xᵉ siècle presque tous les édifices religieux, même les cathédrales (1). Dans ce cas, elle fut remplacée plus tard par une église en pierre qui existait encore à l'époque de la Révolution et que l'on considérait comme une des plus anciennes, sinon comme la plus ancienne du diocèse.

C'est cette église, *peu considérable par sa structure*, dit Pierre Costil, l'un des curés, qui devint celle de la paroisse de Saint-Martin.

Un événement lui donna, en 1669, une importance qui fut la cause de sa destruction.

Avant cette époque il n'existait pas de séminaire dans le diocèse d'Avranches; les élèves ecclésiastiques étaient instruits chez les curés; mais il paraît que leur éducation laissait parfois à désirer. Robert Gombert, prêtre éminent, dont la vie sera sommairement racontée plus loin, était alors curé de Saint-Martin. Il résolut de fonder dans son presbytère un séminaire où les jeunes gens qui se destinaient à la prêtrise seraient mieux formés aux vertus et aux sciences sacerdotales. Son projet fut approuvé, dès l'année 1666, par Monseigneur de Boislève, évêque d'Avranches, mais il rencontra une vive opposition de la part de certains curés du diocèse, tant est grande la force des usages depuis longtemps établis.

Le vénérable curé de Saint-Martin ne se découragea pas, il multiplia ses démarches et, après trois ans de lutte et d'efforts, il obtint du roi, en décembre 1669, des lettres patentes confirmant l'érection d'un séminaire au presbytère de Saint-Martin et autorisant le prélèvement de 1,000 livres par an sur le clergé du diocèse jusqu'à ce que le séminaire possédât en propre 3,000 livres de revenu. A cause de l'insuffisance du local, les élèves se logèrent d'abord dans la ville et aux environs. L'église servit depuis lors de chapelle pour le séminaire sans néanmoins cesser d'être affectée à l'usage du culte pour les habitants de la paroisse. Les curés de Saint-Martin devinrent en même temps supérieurs du nouvel établissement. Lorsqu'on eut des ressources suffisantes, on construisit des bâtiments assez vastes pour le logement du supérieur, des professeurs et des élèves, et le presbytère fut détruit.

La prébende préceptoriale fondée en la cathédrale d'Avranches

____

(1) Voir l'Encyclopédie par Diderot et d'Alembert, au mot : *Église*, page 424.

pour instruire la jeunesse et qui était attribuée au principal de l'antique collège de cette ville ayant été réunie au bénéfice de la cure de Saint-Martin, lors de la création du séminaire, le curé fut chargé de rétribuer le principal, de faire donner l'enseignement religieux aux élèves et de leur dire la messe.

Quelques prêtres, comme Jean Hantraye, qui avait été le collaborateur de Robert Gombert pour la fondation du séminaire, et qui lui succéda, remplirent tout à la fois les fonctions de curé, de supérieur du séminaire et de principal du collège.

Après la mort de M. Hantraye, le savant évêque Daniel Huet qui occupait alors le siège d'Avranches fit céder à la congrégation des Eudistes la cure de Saint-Martin et le séminaire avec les biens et revenus qui en dépendaient, à la condition que les nouveaux bénéficiers entretiendraient de réparations l'église et les autres bâtiments, fourniraient tout ce qui était nécessaire pour l'exercice du culte et satisferaient aux obligations contractées envers le collège. La prise de possession par le supérieur de la congrégation, M. Blouet de Camilly, eut lieu le 27 mars 1693.

La Confrérie du scapulaire fut établie dans l'église de Saint-Martin, le 16 mai 1706, et pendant de longues années cette église fut la seule du diocèse où elle existât.

Dans les grandes cérémonies, le clergé de Saint-Martin marchait immédiatement après celui de la cathédrale, et avait par conséquent le pas sur le clergé des autres églises de la ville. Cet honneur lui fut accordé dans les premières années du xviiie siècle par Monseigneur de Coëtanfao, qui mit ainsi un terme aux conflits de préséance existant depuis près de deux cents ans entre les paroisses de Notre-Dame-des-Champs et de Saint-Gervais.

L'évêché d'Avranches ayant été supprimé vers le milieu de l'année 1790, la suppression du séminaire en fut la conséquence, et comme cet établissement appartenait à une congrégation dissoute, tous les biens qui en dépendaient furent confisqués par l'Etat, sans avoir égard à ce que l'église et le cimetière servaient en même temps à la paroisse de Saint-Martin. Ils furent vendus comme biens nationaux le 10 messidor an iv, mais l'église avait été fermée dès la fin de l'année 1791. Toutefois, on la conserva encore, ainsi que les autres bâtiments, pendant quelque temps après la vente des terrains qu'ils occupaient. C'est le 2 ventôse an v que le nouveau propriétaire de ces biens fit vendre aux enchères les matériaux de toutes les constructions, à charge de les enlever avant le 8 vendemiaire an vi, ce qui ne fut pas exécuté d'une manière complète, car une partie du séminaire est encore debout : c'est la vieille maison se trouvant derrière l'hôtel de Madame Adrien de Chavoy:

M. le chanoine Pigeon, à qui l'auteur de cette notice doit plusieurs renseignements intéressants, possède, au milieu de documents archéologiques beaucoup plus précieux, un exemplaire des affiches faites pour annoncer cette vente.

Pour remplacer le cimetière supprimé, le Directoire départemental concéda à la commune, le 27 floréal an III, la pièce dite le *Petit-Domaine-de-la-Réauté*, ayant appartenu à l'émigré du Quesnoy, et que l'on estima à 800 livres.

Après le rétablissement du culte catholique, la commune de Saint-Martin se trouvait sans église, et, à cause de cela, il fut question de la diviser entre les communes voisines, et d'en attribuer une grande partie à Avranches. Mais ses habitants tenaient beaucoup à conserver leur autonomie ; quoiqu'aucun d'eux ne fut riche ni même dans l'aisance, ils s'imposèrent les sacrifices nécessaires pour construire, en 1805, l'humble église actuelle, sur un petit terrain communal situé au village du Chauchais, à quelques centaines de mètres du nouveau cimetière. Ils furent efficacement secondés pour l'exécution de leur projet par l'abbé Quettier, ancien professeur de théologie au séminaire, qui, rentré en France après le Concordat, exerça dans la paroisse les fonctions de desservant d'abord, sans en avoir le titre, et qui réussit ensuite à l'obtenir. Ces fonctions furent remplies pendant quelques mois avant le retour de M. Quettier, par M. Levillain de la Chesnée, qui était curé de Saint-Martin lors de la Révolution. L'abbé Quettier se construisit un presbytère dans le voisinage de la nouvelle église ; ses héritiers vendirent cet immeuble à la commune pour le même usage.

En attendant que la nouvelle église fût bâtie, on célébra les offices religieux dans le principal bâtiment d'une ancienne manufacture de dentelle, située au village de la Poisnière, qui avait servi en 1791 de maison commune et de temple de la Raison (1). On pensa même à transformer définitivement en église paroissiale ce bâtiment. La maison voisine où se faisait l'école pendant la Révolution, et qui conserva la même destination jusqu'en 1855, époque où la maison d'école actuelle fut construite, serait devenue le presbytère.

L'auteur de cette monographie est actuellement propriétaire de

---

(1) Voir une délibération de la municipalité de Saint-Martin en date du 20 ventôse an II.

l'ancienne maison d'école, ainsi que de l'emplacement de la manufacture, dont une vieille partie de mur se trouve incorporée à son habitation.

Les trois cloches de l'ancienne église de Saint-Martin furent des premières dont le gouvernement révolutionnaire s'empara. Il les fit enlever dès la fin de l'année 1791 pour les convertir en monnaie. Celles que l'on prit plus tard aux églises servirent principalement à faire des canons. Au commencement de l'année 1793, la Convention offrit aux communes des secours pour la réparation de leurs chemins, en échange des cloches qu'elle leur demandait. La municipalité de Saint-Martin répondit que les cloches de la paroisse avaient été prises quinze ou dix-huit mois auparavant pour un autre usage, et elle réclama l'indemnité compensatrice offerte aux autres communes. L'unique cloche de la nouvelle église fut faite et bénite en 1835. Elle eut pour parrain M. Emmanuel-Désiré marquis du Quesnoy, et pour marraine Madame Marie Pinel, épouse de M. Jules comte du Quesnoy.

Cette église, sans aucun style, est ornée intérieurement d'un petit tableau en bois sculpté représentant saint Pierre, provenant de l'ancienne église, et qui serait du xiii⁰ siècle si l'inscription manuscrite qu'on y a mise était exacte, d'un Christ portant sa croix, peint sur toile et placé comme retable au maître-autel et des tableaux du chemin de la croix peints en émail. La chaire est décorée aussi de jolies peintures.

Si l'ancienne église était en dehors de la paroisse, il y avait sur le territoire de celle-ci trois chapelles dont il ne reste aucun vestige, savoir :

Celle des Orgeries qui était entourée d'un cimetière où l'on enterrait la plupart des personnes mortes de maladies contagieuses. Elle appartenait au chapitre de la cathédrale. Au xvii⁰ siècle, on y disait quelquefois la messe paroissiale et on y faisait alors, comme à la principale église, la publication prescrite par la loi des contrats de vente ou d'échange, publication remplacée maintenant par la transcription de ces actes au bureau des hypothèques. Les rénonciations à successions étaient publiées de la même manière.

La chapelle de la Chaussonnière fondée en 1472 par Vigor Vivien, seigneur du lieu et dédiée à saint Waast et saint Vigor (saint Va et saint Vient) qu'on allait invoquer, dans les maladies sans remèdes humains pour demander la guérison ou une pieuse mort. Une petite statuette qui se trouvait dans cette chapelle est placée maintenant dans la salle de la ferme près la cheminée.

Enfin la chapelle de Chambeure ou du Quesnoy. Celle-ci était seigneuriale comme la précédente. L'une et l'autre avaient le même chapelain.

La paroisse de Saint-Martin comprenait, aux siècles derniers, un certain nombre de petits fiefs ou arrières-fiefs nobles, savoir : ceux de Chambeure, de la Chaussonnière, du Chesnay, de Baffé, de Verdun, de la Porte, de Pival et des Orgeries (1).

M. Guarin de Vitry possédait le fief des Orgeries lors de la Révolution. N'ayant pas émigré il n'en fut pas dépouillé. Ses héritiers le vendirent plus tard en deux lots. MM. de Tesson et Lebourgeois en sont maintenant propriétaires.

Au commencement du xviie siècle, le fief de Pival était la propriété de Guillaume du Mesnil qui y ajouta le moulinet voisin situé sur le Val-Saint-Père, au moyen de la vente que lui en consentit, le 15 décembre 1629, moyennant 8 livres de rente foncière, la princesse Catherine d'Orléans, damoiselle de Longueville, laquelle possédait de vastes domaines dans l'Avranchin et le Mortainais.

La petite-fille de Guillaume du Mesnil, mariée à un Le Mercier, écuyer, vendit, le 16 septembre 1701, la terre de Pival à Gilbert du Becquet dont le fils Jacques du Becquet, conseiller du roi, épousa en 1709 Françoise-Agnès Le Mercier, fille unique des précédents propriétaires. C'est aux descendants des du Becquet que cette terre appartient encore de nos jours.

Mais c'est à la famille du Quesnoy qu'appartenaient en dernier lieu tous les autres fiefs de la paroisse.

Cette famille est originaire de la Haute-Normandie. Elle tire son nom d'une terre située dans la paroisse du Bourg-Achard.

En janvier 1578, Robert du Quesnoy, cadet de la maison, alors officier dans l'armée du roi, en garnison à Avranches, épousa une riche veuve, Anne Vivien, qui s'était mariée en premières noces à Jean de la Flèche, sieur de Grisi, des environs d'Alençon. Sa femme possédait dans notre pays plusieurs fiefs, notamment ceux de Chambeure et de la Chaussonnière, ainsi que celui des Chommes ou des Echommes, situé en la paroisse de Saint-Sénier-sous-Avranches. Il mourut l'année même de son mariage.

A ces fiefs, Jacques du Quesnoy, son fils, en ajouta quelques autres et obtint, au mois d'août 1636, l'union en un plein fief de haubert de tous ceux dont il était propriétaire à Saint-Martin et leur érection

____

(1) La qualification donnée aux fiefs de Pival, de la Porte et des Orgeries n'est pas la même dans tous les documents où l'on en parle : ils sont désignés tantôt comme fiefs nobles, tantôt comme fiefs roturiers.

en baronnie sous le nom de baronnie du Quesnoy.

Le manoir seigneurial se trouvait à Chambeure, mais après la création de la baronnie, le nom de Chambeure fut abandonné et remplacé par celui du propriétaire. Ce nom de Chambeure est même complètement oublié maintenant par les habitants de Saint-Martin. Le seul document moderne où il se voit encore est l'état des chemins ruraux, dressé en 1842, sur lequel un tronçon de l'ancienne route d'Avranches à Pontorson est désigné sous le nom de chemin du Tertre Chambeure.

Jean du Quesnoy, fils aîné du premier baron, acheta la charge de vicomte d'Avranches, mais il ne la conserva pas longtemps, parce qu'il s'était un peu compromis, ainsi que d'autres gentilshommes, dans les menées qui précédèrent la sédition des Nu-Pieds et il n'attendit pas qu'elle éclatât pour revendre cette charge. Il se retira à la Chartreuse de Paris et devint procureur du couvent. Alors toute la fortune de la famille se trouva réunie entre les mains de Louis du Quesnoy, son frère. Ce dernier augmenta son domaine de la terre de Baffé ou Basfer (tenue du Roi) au moyen de l'acquisition qu'il en fit de Louis Besnier, marchand bourgeois d'Avranches, à qui Avenel, sieur de Chalandrey, descendant par sa mère des Vivien, l'avait vendue le 20 octobre 1631.

En 1666 la noblesse de Louis du Quesnoy lui fut contestée. On le condamna même comme usurpateur à 6,000 livres d'amende, plus le décime, on l'imposa à 500 livres pour cette année et à 1,500 livres de restitutions pour les trois années antérieures. Mais il appela de cette décision et produisit à Chamillard, intendant et commissaire du roi pour la recherche de noblesse dans la Généralité de Caen, des pièces établissant, d'une manière qui parut satisfaisante, que son aïeul Robert du Quesnoy, considéré par les premiers juges comme fils bâtard du seigneur du Quesnoy, de Bourg-Achard, était issu d'un second mariage régulièrement contracté par celui-ci. Sa qualité de noble lui fut donc reconnue par une sentence en date du 3 mars 1667 portant décharge des condamnations prononcées contre lui l'année précédente.

Emmanuel du Quesnoy, son fils, fit élever la baronnie au titre de marquisat, par lettres patentes royales du mois de Juillet 1714. A cette époque la terre de la Porte faisait partie de son domaine. Cette terre qui, au commencement du siècle précédent, appartenait à Michel de Camront ou Camprond, marié à une demoiselle de la Noe de la Bastille, avait passé plus tard aux mains de Jean de Montléon. Celui-ci la vendit moyennant 10,000 livres aux Religieuses bénédictines d'Avranches ; mais comme elle était dans la mouvance de la baronnie du Quesnoy, le baron, usant de son droit de clameur, s'était substitué aux religieuses en leur remboursant le prix payé par elles.

D'ailleurs la fortune de la famille du Quesnoy alla toujours grossissant par suite de riches alliances et d'une administration fort économe. En 1790, le marquis du Quesnoy possédait, outre ses fiefs de Saint-Martin, plusieurs fiefs dans les paroisses de Saint-Loup et de la Godefroy dont il était seigneur et patron, le fief des Echommes à Saint-Sénier, d'autres fiefs à Saint-Quentin et à Précey, celui de Paradis dans la paroisse Saint-Gervais d'Avranches, celui de la Brasserie au Val-Saint-Père (1), la seigneurie de la paroisse de Clinchamp, près Vire, qui était entrée dans la famille par le mariage de Louis du Quesnoy avec Léonore de Gouvetz, damoiselle de Clinchamp, et encore beaucoup d'autres terres ailleurs, le tout d'un revenu de plus de 100 mille livres, chiffre énorme déjà pour le temps, mais qui en représente un bien plus fort à l'époque actuelle.

Mais le marquis du Quesnoy n'était que patron honoraire de la paroisse de Saint-Martin, c'est-à-dire qu'il n'avait pas pour cette paroisse, comme pour celles de Saint-Loup, la Godefroy et Clinchamp, le droit de choisir le curé. Ce droit, dit de présentation, appartenait au chapitre de la cathédrale d'Avranches auquel le pontife Richard de Subligny (xɪɪe siècle) en avait fait hommage. Antérieurement l'église de Saint-Martin appartenait aux évêques. Quoiqu'il ne fût que patron honoraire, le marquis du Quesnoy avait une chapelle seigneuriale accolée à l'église avec porte extérieure et particulière.

---

(1) Le fief de la Brasserie tirait sans doute son nom d'une brasserie de bière qui fut établie au Val-Saint-Père à l'endroit ou dans le voisinage de la brasserie actuelle, en 1712, à cause de la disette du vin et du cidre. La rue Saint-Gervais (d'Avranches) qui y conduisait prit le nom de rue de la Brasserie.

Il ne faudrait pas croire d'ailleurs qu'une brasserie fût une chose nouvelle dans notre pays, car d'après les conférences faites par le docteur Denis Dumont et publiées par l'Association Normande dans l'annuaire de 1882, la bière et le vin étaient autrefois les boissons ordinaires en Normandie, où la culture du pommier n'a été introduite que vers l'an 1500. On a continué longtemps après, et même jusqu'au xvɪɪɪe siècle, à faire du vin sur différents points de l'Avranchin, notamment à Brion et à l'abbaye de la Lucerne; et il reste encore des vignes dans une haie au bas du coteau de Brion. Beaucoup de champs placés à bonne exposition ont conservé le nom de la Vigne. Mais il paraît que le vin de l'Avranchin était de mauvaise qualité : on l'appelait du *tord-boyaux*.

Jean-Jacques-Julien du Quesnoy fut le premier maire de Saint-Martin. Son élection eut lieu le 26 janvier 1790. Pendant les deux années précédentes il avait été, de droit, président de la municipalité. Il conserva ses fonctions jusqu'au 6 février 1791, jour où il donna sa démission.

Il émigra peu de temps après, et ses propriétés tombèrent sous l'application du décret de confiscation rendu par l'Assemblée nationale le 23 juillet 1792, sauf celles que l'on attribua à l'une de ses sœurs, ancienne religieuse rendue à la vie civile, et qui sont ainsi restées dans la famille, notamment les fermes des Echommes situées à Saint-Sénier.

L'ancien manoir de Chambeure était placé presque au bas du coteau entre le chemin de Ducey et la route de Pontorson. Il avait été reconstruit en 1660 au même endroit ou à peu près. Le principal bâtiment de la ferme actuelle du Bas-Quesnoy était une aile de ce château. Le beau jardin en terrasse situé au-devant, dont M. Le Marchand est actuellement propriétaire, existait, sans doute, dès cette époque, mais l'orangerie qui l'avoisine ne date que de 1731.

Peu d'années avant la Révolution, un nouveau château fut construit à peu de distance de l'autre, mais sur un point plus élevé d'où l'on découvre toute la partie sud de l'Avranchin, la magnifique baie du Mont Saint-Michel dans son entier et au-delà les côtes de Bretagne, c'est-à-dire un des plus beaux panoramas du monde. De là, comme des endroits voisins où l'on domine immédiatement la vallée, on jouit parfois d'un spectacle féérique, dont l'auteur de ce travail a déjà parlé ailleurs : quand, le matin, un brouillard épais, mais ne s'élèvant pas a une grande hauteur, couvre les campagnes voisines de la grève, ainsi que le bord de celle-ci, grève et brouillard, qui ont la même couleur, se confondent; alors le Mont Saint-Michel apparaît au-dessus du nuage et semble ne pas appartenir à la terre. Ce château considérable, mais d'une architecture sans élégance comme celle de la plupart des habitations du même temps, n'était pas encore achevé quand le propriétaire émigra. Il fut détruit, ainsi que le château précédent, en 1792, mais les bâtiments de service qui se trouvaient derrière subsistent encore; ils appartiennent maintenant, moitié à M. Camille Claveau et moitié à M. François Hirou.

L'écusson qui était placé sur la façade du château rebâti en 1660 fut transporté au pignon d'une très modeste maison de ferme, située sur le bord de la route. de Pontorson à 8 kilomètres d'Avranches. Il a fait changer le nom du village où il se trouve : les habitants des environs ayant pris pour un chien le lion héraldique entouré de neuf glands figuré sur cet écusson (1), ont désigné sous le nom de Grand-Chien le lieu qui n'était connu auparavant que sous le nom burlesque de Lustucru, le seul d'ailleurs encore inscrit sur la matrice cadastrale (2).

La maison maintenant décorée du nom de château du Quesnoy a été construite sous la Restauration par M. Julien-Emmanuel comte du Quesnoy sur la ferme du Bois-Morisset qui faisait partie des biens confisqués et vendus après l'émigration de son père.

Les du Quesnoy étaient, dit-on, haut justiciers, mais nous n'avons trouvé aucun document qui l'établisse. Il est certain cependant qu'un gibet existait près de l'ancienne avenue de leur château, supprimée vers 1868, et qui traversait la lande Le Rey. Cette avenue partait du lieu alors nommé la Beuserie, et maintenant la Cocarde, à cause d'une auberge située à cet endroit, qui prit pour enseigne, à l'époque de la Révolution, la Cocarde nationale.

Il est probable que ce gibet n'a pas servi avant le xviiie siècle, car les registres de l'église de Saint-Martin, où l'on mentionnait avec soin jusqu'à cette époque, la cause de chaque décès dans les cas de maladies épidémiques, d'accidents ou de morts violentes, ne parlent que de deux exécutions capitales, et l'une comme l'autre se fit à Avranches (3). Il est possible, d'ailleurs, qu'à l'époque où elles eurent lieu les seigneurs du Quesnoy ne fussent pas encore investis du droit de haute justice, que le roi leur aurait conféré plus tard, ou que les crimes qui motivèrent les condamnations eussent été commis hors de leur juridiction.

La première exécution, — 2 août 1625 — fut celle d'une fille Letourneur qui avait tué son enfant. La seconde est relatée en ces termes :

« Le vendredi 8 décembre 1636, Pierre Lair fut exécuté devant la porte de Baudange, au lieu ordinaire à ce faire pour avoir volé et desrobé noble homme Jean du Quesnoy, escuyer, vicomte

---

(1) Les du Quesnoy portaient d'argent au lion de gueules avec 9 glands de sinople en orle.

(2) Le nom d'un autre petit endroit a été modifié à la suite d'un incendie : La Forge Bouffaré est devenue la Forge Brûlée.

Il y avait autrefois un *Village-ès-Guillons* qu'on appela ensuite la Guillonnière. On croit que c'est celui maintenant nommé la Bissonnière.

(3) Ce qui est dit à ce sujet, ainsi qu'au sujet des épidémies, a déjà fait l'objet d'une communication à la Société d'Archéologie le 6 décembre 1883, mais on a cru devoir en parler de nouveau pour rendre la monographie aussi complète que possible.

d'Avranches, et la nuit d'après fut enterré dans le cimetière de Saint-Martin par la femme dudit Lair et sa fille (détail navrant). »

A cette époque les exécutions capitales étaient fréquentes. Le lieu où elles se faisaient à Avranches se trouvant sur la paroisse de Notre-Dame-des-Champs, l'un des plus anciens registres de cette paroisse contient la liste de celles qui eurent lieu de 1625 à 1639. Pendant ces quinze années furent rouées ou pendues vingt-quatre personnes, dont six dans la seule année 1625, et ce nombre de suppliciés ne comprend pas les malheureux nu-pieds que l'on pendit aux ormeaux du Promenoir à la fin de l'année 1639 et dont les noms se trouvent sur le même registre. Aucun de ces derniers n'était de Saint-Martin.

Ce temps de répression rigoureuse, excessive, et en même temps inégale (car les gentilshommes n'étaient pas traités comme les manants), est fort heureusement loin de nous. Mais ne sommes-nous pas tombés de l'extrême sévérité à l'indulgence extrême? Ne sommes-nous pas portés à innocenter beaucoup de coupables, et des plus grands? Les honnêtes gens qui leur sauvent la vie et leur rendent même la liberté n'assument-ils pas, dans une certaine mesure, la responsabilité morale des nouveaux crimes qu'ils leur donnent ainsi la possibilité de commettre? N'ont-ils pas la même responsabilité pour les crimes commis par d'autres, qui comptent également sur l'impunité ou seulement sur des peines légères? Les philantropes de nos jours paraissent s'intéresser beaucoup plus aux criminels qu'aux victimes. Les malfaiteurs de toutes catégories que l'on croit encore devoir punir ont, soit dans les prisons, soit dans les colonies où l'on commence à en reléguer une partie, un sort digne d'envie pour de pauvres gens, sort tellement enviable en effet, au moins en ce qui concerne les prisons, que bon nombre de ceux qui en sortent n'ont pas d'autre désir que d'y rentrer. Mais revenons à la paroisse de Saint-Martin, où grâces à Dieu, criminels et victimes n'ont probablement jamais été nombreux.

Cette paroisse fut cruellement éprouvée, à différentes époques, par des événements indépendants de la volonté humaine. Les registres de l'église nous apprennent que la peste qui fut si fréquente en Normandie sous le règne de Louis XIII et qui avait déjà affligé la ville d'Avranches et les environs en 1532, 1533, 1551 et 1598 (1), sévit dans la paroisse de Saint-Martin en 1626. La première personne qui en mourut demeurait au village de la Poisnière qu'on appelait alors la Paynnière, contraction de Payennière, lieu habité par une famille Payen. On l'enterra *contre sa maison dans un petit*

____

(1) Voir les manuscrits du d^r Cousin.

jardin à choux.. Vingt autres personnes moururent de la même maladie dans le courant de l'année. Deux de ces morts furent enterrés dans le cimetière paroissial. L'inhumation de quinze autres pestiférés eut lieu dans le cimetière des Orgeries. Les trois derniers furent enterrés dans leur jardin au Bois-Morisset. Il y eut jusqu'à trois inhumations le même jour dans le cimetière des Orgeries.

Cinq ans plus tard, c'est-à-dire en 1631, une nouvelle épidémie dont on n'indique pas la nature fit encore un plus grand nombre de victimes. Le premier décès est mentionné de cette manière :

Un nommé Pierre Lefaguays fut prins de la maladie contagieuse dans le probitaire de Saint-Martin le dimanche 10 aout, et le mardi 12 du même mois rendit l'esprit à 10 heures du matin et fut enterré le même jour dans le cimetière de Saint-Martin.

Le vicaire de Saint-Martin, atteint du même mal contagieux le vendredi 22 août, succomba le lendemain à 11 heures du soir, et l'inhumation se fit le dimanche matin.

L'épidémie dura jusqu'au commencement de l'année 1632 et causa la mort de vingt-huit personnes dans la petite paroisse.

Une pauvre femme nommé Marie Lardent fut enterrée dans son jardin par Nicolas Goupnault, son mari, lequel ne lui survécut qu'un mois et fut enterré au même lieu.

Toutes les autres inhumations se firent dans le cimetière des Orgeries et quelques-unes, est-il dit, sans le secours d'aucun prêtre. Les prêtres étaient, sans doute, occupés auprès des mourants, et on n'attendait pas toujours leur arrivée pour enterrer les morts. Ces enterrements civils ne ressemblaient guère, comme on le pense bien, à ceux de notre temps qui, au lieu d'être simplement en rapport avec les croyances ou l'incroyance des personnes à enterrer, servent de prétexte à des manifestations antireligieuses auxquelles on convie le plus grand nombre possible d'acteurs et de spectateurs.

L'épidémie avait éclaté à Avranches avant de s'étendre sur la paroisse de Saint-Martin. Le registre de Notre-Dame-des-Champs contient à ce sujet des détails d'un intérêt douloureux. Vingt-neuf personnes de cette paroisse succombèrent. Plusieurs furent enterrées dans leurs jardins ou dans leurs champs. Cela explique les découvertes qui se font quelquefois d'ossements humains loin de tout cimetière. On croyait que ce ne pouvait être que les restes de gens assassinés ou de quelques victimes des guerres civiles qui ont désolé notre pays à différentes époques. On voit qu'il y a une troisième raison, encore peu connue, pour qu'on trouve çà et là des squelettes humains. La maladie épidémique de 1631 devait être foudroyante parfois, et l'on serait porté à penser que c'était le choléra asiatique, bien que les médecins croient qu'il ait fait son apparition en France seulement en 1832. On ignorait sans doute complètement la nature de cette maladie, puisque, sur le registre de Saint-Martin, comme sur celui de Notre-Dame-des-Champs, elle était désignée de cette manière vague : *un mal contagieux*, tandis que lorsqu'il s'agissait de la peste ou de la dyssenterie, ou *flux de sang*, on le disait avec précision. Le registre de Notre-Dame-des-Champs mentionne deux morts tout-à-fait subites occasionnées par ce mal contagieux : « *Un nommé Pierre Le Bourlier mourut*, est-il dit, *dans la rue des Courtils.* » Et comme dans aucun des actes du temps on n'indiquait pas les rues où demeuraient les personnes dont on faisait l'inhumation, cela veut dire certainement que Pierre Le Bourlier fut frappé de mort sur la voie publique, de même que le curé de Ponts qui, six semaines plus tard, mourut, est-il dit également, *derrière la ville*. Evidemment ce n'est pas là qu'il demeurait.

Une troisième épidémie décima encore la population de Saint-Martin en 1640. Celle-ci pourrait bien avoir été occasionnée par la répression terrible et récente des Nu-pieds, car le fléau de la guerre en engendrait alors souvent deux autres : la famine et la peste ou d'autres maladies aussi redoutables. Du 19 août au 20 novembre, vingt-sept décès furent occasionnés par un mal contagieux qu'on ne précise pas plus qu'on ne l'avait fait en 1631. La première mention de ce mal se rencontre dans l'acte d'inhumation de Charlotte Belloir, femme de Jean Ameline, sieur de la Bertaye conseiller du Roy et receveur des tailles de l'élection d'Avranches. Elle mourut au village des Chastelets qui n'existe plus maintenant. Ce village se trouvait dans le parc actuel de Baffé près de l'entrée voisine du chemin de Saint-Quentin. Le sieur de la Bertaye mourut du même mal, à Baffé, dans le mois d'octobre.

Plusieurs familles furent particulièrement éprouvées : un nommé Payen, sa femme et ses deux fils moururent à quelques jours d'intervalle les uns des autres. Deux frères Beaumont, une fille Moulin et sa mère, cinq personnes du nom de Rubé furent du nombre des victimes de la contagion. C'est encore aux Orgeries qu'on enterra la plupart de ces morts.

Enfin dans l'été de 1676, la dyssenterie, maladie assez commune dans ce temps et qui, notamment en 1653 avait cruellement sévi à Saint-Martin, fit de terribles ravages dans la ville d'Avranches et aux environs. Ce ne sont pas les registres de Saint-Martin qui nous l'apprennent, les actes de 1676 comme ceux de beaucoup d'autres époques ayant en grande partie disparu ; ce ne sont pas non plus les regístes encore plus incomplets des paroisses de la ville, mais les manuscrits du docteur Cousin.

La paroisse de Saint-Martin avait alors pour curé Robert Gombert, le fondateur et le premier supérieur du séminaire, dont le nom est déjà écrit dans ce travail. Il n'est pas sans intérêt de retracer sommairement sa vie.

Robert Gombert appartenait à une famille riche et honorable de Notre-Dame-de-Livoye. (1) De bonne heure il se destina à l'état ecclésiastique. Ses parents l'envoyèrent étudier la théologie à Paris. Mais il fit alors connaissance avec des jeunes gens du grand monde dont il prit les goûts et les habitudes, ce qui le détourna de sa vocation. Au lieu de continuer ses études, il s'adonna particulièrement à l'escrime et devint très fort dans ce genre d'exercice. Lui et l'un de ses amis s'étaient acquis ainsi une assez grande réputation, dans ce temps où les duels étaient si fréquents. Or il arriva que cet ami s'étant pris de querelle avec un autre batailleur, tous les deux tirèrent l'épée, s'enferrèrent mutuellement et tombèrent morts sur le lieu même.

Ce double malheur impressionna vivement Robert Gombert qui, dès lors, reprit ses études théologiques trop longtemps interrompues, et fut ordonné prêtre quelques années après.

François Gombert, son oncle, était curé de Saint-Martin et arrivé à un âge avancé. Ne se trouvant plus en état de continuer l'administration spirituelle de la paroisse, il résigna son bénéfice et obtint d'avoir pour successeur Robert Gombert. Mais le jeune curé, tout en remplissant régulièrement ses fonctions, avait conservé quelque chose de ses anciennes habitudes mondaines et faisait de trop fréquentes visites aux familles riches de la ville et des environs, chez lesquelles il trouvait toujours bon accueil. Cela lui valut d'affectueuses réprésentations de la part du vénérable curé de la Gohannière. Alors rentrant de nouveau en lui-même et reconnaissant qu'il n'avait pas jusque là pratiqué comme il devait le faire toutes les vertus sacerdotales, il renonça à ses relations de société, ne se vêtit plus que d'habits de la plus grande simplicité,

---

(1) Son aïeul Guillaume Gombert avait été valet de pied du roi Henri III en 1584. Cette qualité de serviteur vérifiée par la cour des Aydes en 1586 et par les élus d'Avranches en 1597 lui permit de vivre *noblement* dans son manoir de Notre-Dame-de-Livoye ; mais Jacques de Mesmé, chevalier seigneur de Roissy, commissaire du Roi pour le régalement des tailles, ne reconnut pas sa noblesse et le *coucha sur le rolle des taillables*. (Note fournie par le chanoine Pigeon.)

à cette époque où l'usage permettait aux prêtres certain luxe d'habillement, se condamna à ne jamais manger que du pain grossier, à coucher sur un mauvais matelas dans un cabinet obscur du séminaire, et se livra à toutes sortes d'austérités. Il consacra sa fortune au soulagement des pauvres de sa paroisse et des paroisses voisines et employa tout le temps que ses fonctions lui laissaient à visiter les malades indigents auxquels il donnait lui-même les soins dont ils avaient besoin, souvent les soins les plus répugnants.

Son zèle le porta à créer un séminaire dans son presbytère et il accomplit cette œuvre importante et difficile avec le concours seulement de deux amis, René Leprieur, curé de la Gohannière, et Jean Hantraye, curé d'Isigny.

L'épidémie de 1676 fut pour lui une nouvelle occasion de se dévouer aux malades : il passa les nuits et les jours à les soigner et à leur porter les consolations de la religion. Ayant appris qu'une pauvre femme était morte depuis quelques jours dans une chaumière et que la frayeur inspirée par la contagion empêchait les voisins d'apporter le cadavre au cimetière, il s'en alla seul prendre ce cadavre, l'enveloppa, le chargea sur ses épaules et revint avec ce fardeau à l'église, puis il procéda à l'inhumation. Mais cette action héroïque fut la dernière de sa vie. Atteint de la dyssenterie le soir même, il succomba six jours plus tard, le 8 septembre, ayant édifié tous ceux qui l'avaient connu par ses vertus, son courage et sa résignation. Il fut curé de Saint-Martin pendant 27 ans.

Il n'existait en 1789 que trois privilégiés dans la paroisse : le marquis du Quesnoy, M. Guarin de Vitry et le curé, supérieur du séminaire. Lorsque par suite de l'abolition des privilèges il y eut lieu d'imposer, à raison de leurs exploitations, les personnes qui auparavant étaient exemptes de la taille, la municipalité fixa, pour le dernier semestre de l'année 1789, à 328 livres la contribution du marquis, à 20 livres celle du curé et seulement à 2 livres celle de M. de Vitry, (Délibération du 27 novembre 1789). M. de Vitry avait une exploitation à Saint-Martin, mais son domicile était à Avranches : aussi lorsqu'on appliqua le décret du 6 octobre 1789 qui établissait une contribution dite patriotique égale au quart du revenu de toutes les personnes ayant plus de 400 livres de rente en terre ou autrement, même par des profits de commerce ou d'industrie, le marquis du Quesnoy et le supérieur du séminaire se trouvèrent seuls obligés à faire la déclaration de leurs revenus pour servir de base à leur contribution, et le corps municipal de Saint-Martin, dans sa délibération du 26 mars 1790, dit « *qu'aucun autre habitant domicilié dans la paroisse n'avait à beaucoup près quatre cents livres de revenu. »*

Si l'on en croyait une délibération du Conseil général de la commune, le principe du partage égal des héritages entre tous les enfants, une des reformes de la Révolution qui ont le plus pénétré dans les mœurs de toutes les familles, nobles ou roturières, fut mal accueilli par les habitants de Saint-Martin. Les députés de la Manche à l'Assemblée Constituante, qui étaient MM. Richard de Bonvouloir, Arthur de la Villarmois, le baron de Juigné, Lerouvillois curé de Carantilly, l'évêque de Coutances et M. Burdelot, avaient adressé aux citoyens actifs de leur circonscription une lettre faisant connaître le projet de décret sur les successions ab intestat et leur demandant d'exprimer leur opinion. Le procédé était loyal : il annonçait de la part des mandataires l'intention de se conformer à la volonté de leurs mandants. Or le conseil, dans sa réponse, en date du 27 décembre 1790, représenta aux députés sous de sombres couleurs les résultats que, selon lui, devait avoir cette réforme. Le conseil disait d'abord que la coutume de Normandie passait pour être la meilleure et la plus sage et que l'abolition de cette coutume serait un des plus grands malheurs qui pût arriver à la province, surtout en ce qui concerne les successions. Puis il ajoutait : « Qui pourrait
» calculer les haines, les dissenssions qu'un pareil changement ne
» manquerait pas d'opérer dans les familles ? Les malheurs, peut-
» être même les excès où le désespoir pourrait porter nombre de
» jeunes gens qui bercés depuis leur enfance jusqu'à l'âge de 25
» ou 30 ans, de la pensée d'avoir une fortune plus ou moins consi-
» dérable, s'en verraient tout à coup frustrés dans cet âge où la
» fougue des passions exerce son empire. Combien de frères
» tendres deviendraient les ennemis les plus implacables de leurs
» sœurs, les voyant partager leurs dépouilles ! »

On voyait les choses d'une manière dramatique, mais ces prévisions sinistres ne se sont pas réalisées : l'histoire contemporaine ne révèle pas d'assassinats commis par des frères sur leurs sœurs pour éviter le partage égal.

Il est probable que la réponse du Conseil général de Saint-Martin n'exprimait pas les idées véritables de la masse des habitants de la commune.

Leurs dispositions furent-elles mieux traduites lorsqu'on établit, trois ans plus tard, un temple de la Raison ? Il est permis d'en douter. Ce fut probablement l'œuvre de quelques hommes qui imposèrent leurs idées aux autres, comme cela arrive souvent dans les temps de trouble. Ou peut-être le zèle qu'on affectait d'avoir pour le nouveau culte était-il un moyen de ne pas être considéré comme suspect d'idées contre-révolutionnaires. On ne peut savoir d'une manière certaine quel était alors l'état des esprits. D'ailleurs l'homme, a-t-on dit avec raison, est un roseau agité par tous les vents : ses dispositions sont sujettes à de fréquents changements. Quoiqu'il en soit la délibération du 20 ventôse, an II, par laquelle on désigna le principal bâtiment de l'ancienne manufacture de dentelle pour servir tout à la fois de maison commune et de temple de la Raison, est rédigé sur le ton empathique alors à la mode. On décida qu'il serait célébré dans ce local, le décadi suivant, une fête civique en l'honneur de l'Egalité et qu'on y traiterait « *des moyens propres à interdire la facture et l'usage de la dentelle comme étant un objet de luxe méprisable.* » Ce mépris, de la part de ceux qui le témoignaient, ressemblait beaucoup à celui du renard de la fable pour les raisins qu'il ne pouvait atteindre ; mais n'est-ce pas de la sagesse ou au moins le commencement de la sagesse pour tous les hommes, quelle que soit leur condition, de dédaigner les choses placées hors leur portée ? Si d'abord le dédain dissimule un désir qu'on ne peut satisfaire il réussit avec le temps à l'étouffer. Quant à l'interdiction de fabriquer de la dentelle, ce n'était pas, sans doute, le vœu des habitants, car après la Révolution cette industrie fut rétablie à Saint-Martin pendant un certain temps, à la satisfaction des personnes qui étaient employées.

fête annoncée eût-elle lieu ? On n'en voit pas le compte-rendu sur le registre de la municipalité où se trouve plus loin le récit détaillé d'autres fêtes patriotiques. Celle du 25 messidor an 8 s'appela la fête de la Concorde, nos soldats venaient de remporter la victoire à Marengo : « Les habitants se réunirent, est-il dit, dans les sentiments que devait leur inspirer une fête aussi touchante. La paix dont on jouissait alors, comparée avec les malheurs passés leur causait un doux enthousiasme. Quelques hymnes patriotiques furent chantées. On tira plusieurs coups de fusil avec le regret de n'en pouvoir tirer un plus grand nombre, mais les armes manquaient dans la commune. Les filles et les femmes se réunirent aux citoyens, et la fête se termina par une accolade fraternelle aux cris de vive la République. » Cela ressemblait assez aux fêtes de la Grèce, de la Rome antique.

Les fêtes du 1er vendémiaire an 9, et du 10 germinal suivant se passèrent à peu près de la même manière.

La commune ne changea pas de nom dans ce temps, elle évita le ridicule de sa voisine, la commune de Saint-Loup qui s'affubla alors, fort mal à propos, du nom de Vertu. A Saint-Martin on se borna, pendant la Terreur, à supprimer le mot *saint* qui alors n'était pas de mode, qui était même séditieux. — On y souffrit de la guerre civile, car le 19 floréal an 9 on vota la distribution d'une somme de 237 fr. 93 dont on pouvait disposer pour indemniser d'autant les personnes ayant éprouvé des pertes par le pillage des chouans, pertes estimées à 1335,34.

Les Vendéens avaient aussi causé du tort aux habitants en traversant la commune. Une commission composée de trois administrateurs du district fit une enquête pour apprécier le dommage. Cette opération eut lieu le 25 messidor an deux.

Mais ni le culte de la Raison ni les fêtes civiques n'avaient, sans doute, fait oublier aux habitants de Saint-Martin leur ancienne religion, car aussitôt après le concordat ils montrèrent un grand zèle pour rétablir chez eux le culte catholique, si l'on en juge par les sacrifices qu'ils s'imposèrent dans ce but : non seulement ils bâtirent une église et se procurèrent les objets indispensables pour les cérémonies religieuses, mais le Gouvernement n'ayant pas d'abord classé la commune de Saint-Martin parmi celles dont le desservant devait recevoir son traitement de l'Etat, le conseil municipal y pourvut par une délibération du 20 messidor an 11, où il vota, à cet effet, une indemnité de 200 francs par an, somme bien modique, sans doute, pour le prêtre auquel elle était destinée, mais qui constituait néanmoins une charge pour une commune pauvre et de faible importance; et en l'an 13 le même conseil décida que le traitement annuel du curé et les autres frais du culte seraient portés à 500 francs et acquittés au moyen d'un abonnement par les habitants de la commune, qui devaient être classés en plusieurs catégories selon leurs moyens. Le tableau d'abonnement devait être renouvelé dans les quinze derniers jours de chaque année.

Il est probable toutefois que cette dernière décision se trouva inutile peu de temps après avoir été prise et que l'Etat se chargea enfin de payer le traitement du Desservant, car le premier tableau de la répartition qui devait être faite à la suite de la délibération est resté en blanc. Ce n'en est pas moins un témoignage de la bonne volonté des habitants.

Nous terminons ce travail par la liste des curés et des maires de Saint-Martin, en indiquant pour chacun l'année de son entrée en fonctions. En ce qui concerne les curés la liste ne peut être faite avec précision que depuis l'établissement du séminaire. On sait toutefois que dans les premières années du xvii° siècle le curé de Saint-Martin se nommait Jean Lesrel. Il fut remplacé par François Gombert, oncle et prédécesseur du suivant :

Robert Gombert, fondateur du Séminaire

1676 Jean Hantraye
1693 Odet Lefebvre
1694 Jean Gravois
1695 Nicolas Tonquet de Mauny
1698 Jean Gravois
1700 Philippe Damomme
1707 Philippe Legrand
1711 Pierre Lejeune
1716 Pierre Costil
1720 Jean-Joseph Lebastard
1727 Roger-François Daon
1736 Pierre Costil
1739 Michel Hubert
1746 Charles Le Cauchois
1748 Pierre Lebourgeois
1751 Thomas Guillot
1756 Jacques Le Doux
1764 Pierre-Michel Le Bourgeois
1767 Charles Burnouf
1777 François-Antoine Foucques
1784 Symphorien Oriard
1786 François-Antoine Foucques
1787 Antoine Levillain de la Chesnée (mort curé à Saint-Pois le 13 janvier 1813).

NOTA. — D'après l'acte par lequel Daniel Huet confia la direction du séminaire à la congrégation des Eudistes, le supérieur de cette congrégation était autorisé *à changer de fois à autre comme de trois en trois ans ou de six en six ans*, sauf l'approbation de l'Evêque, le supérieur du séminaire, qui fut toujours, en même temps, curé de Saint-Martin, quoique les deux fonctions eussent pu être divisées. Cela explique pourquoi la paroisse eut un si grand nombre de curés dans l'espace d'un siècle. Quelques-uns ont été investis deux fois de ces fonctions, à des intervalles plus ou moins longs. D'autres, après avoir été curés, ont repris la qualité de vicaires qu'ils avaient eue auparavant.

1804 Jean-Nicolas Quettier
1839 Jean-François-Louis Lemasle
1868 François Héliard
1869 Jean-Marie Belloir

MAIRES

1790 Jean-Jacques-Julien Marquis du Quesnoy
1791 Michel Le Bourier
An 2 Louis Lion
     Nicolas Le Bois
An 12 Jean Anfray
1806 René Godin
1813 Louis Lemasle
1828 Thomas-Roch Herbert
1888 Jean-François-Gilles Hubert
1840 Guillaume Lion
1870 Louis-Jean-Baptiste Lemasle
1882 Sosthène-René Mauduit.

AVRANCHES. — IMPRIMERIE J. DURAND

42

Certifié Conforme pour 2 exemplaires,
par l'Imprimeur :

Durand